Erfolgreiche Kundenakquise am Telefon

Tipps und Tricks für Akquisetelefonate

Andrea Waldl

Impressum

Texte:	© Copyright by Andrea Waldl
Umschlag:	© Copyright by Andrea Waldl
Autor:	Andrea Waldl
	Ignaz Hirschgasse 19
	2732 Willendorf
	office@andreawaldl.com
	www.andreawaldl.com

Herstellung und Verlag:
BoD- Books on Demand, Norderstedt
ISBN: 978-3-7481-5958-2

Inhaltsverzeichnis

Andrea Waldl

Seit 1992 bin ich im Bereich Kundenakquise tätig. Von Anfang an war dabei das Telefon das wichtigste Akquiseinstrument.

Online Marketing hat sich in den letzten Jahren als Akquisemittel etabliert. Letztendlich ist es aber unerlässlich zum Beispiel für eine Terminvereinbarung zum Telefon zu greifen.

Über all die Jahre habe ich für die unterschiedlichsten Branchen und Unternehmen Kunden akquiriert. Zu 90% habe ich dazu das Telefon verwendet.

Ich habe unzählige Gesprächsleitfäden erstellt. Wenn ich heute noch telefoniere, liegt immer ein Gesprächsleitfaden neben mir. Wie ich im Buch erwähne, ich schnalle mich an.

Meine umfangreiche Erfahrung im Bereich telefonische Kundenakquise gebe ich heute in Schulungen für Call Center und Unternehmen weiter.

Ausschlaggebend für mich, diesen Ratgeber zu schreiben, waren die unzähligen Akquiseanrufe, die ich selbst als Unternehmerin bekomme. Sehr oft sind die geprägt von schlechten Gesprächsleitfaden, umständlichen Formulierungen und roboterhaften Gesprächen.

Informieren Sie sich über mein Angebot unter www.andreawaldl.com

Vorwort

Warum dieses Buch?

Ich bin seit über 20 Jahren erfolgreich in der Kunden-Akquise tätig. Ein sehr wichtiges Instrument dabei ist das Telefon.

Jedes Unternehmen, ob Ein-Personen-Unternehmen, KMU oder Unternehmen mit über 50 Mitarbeitern, die Ihre Kunden aktiv im Vertrieb akquirieren, kommen um das Instrument Telemarketing nicht herum. Potentielle Kunden melden sich heutzutage über die Sozialen Medien oder über die Homepage bei dem Unternehmen und bezeugen Interesse an den Produkten. Doch wie geht es dann weiter?

Der potentielle Kunde soll kontaktiert werden. Sehr oft muss für den Vertriebsmitarbeiter ein Termin ausgemacht werden. Das macht der/die Vertriebsmitarbeiter/in entweder selbst oder es gibt eine Abteilung im Unternehmen, die die Terminkoordination übernimmt.

Das Unternehmen wird durch die Person am Telefon repräsentiert, die den ersten Kontakt mit dem potentiellen Kunden aufnimmt. Bei jedem Telefongespräch geben Sie eine Visitenkarte Ihres Unternehmens ab. Für das Gesprächsklima sind die ersten 25 Sekunden eines Gespräches ausschlaggebend. In dieser Zeit entscheiden Sie über Erfolg oder Misserfolg eines Telefonates, und auch darüber, wie Ihr Unternehmen wahr genommen wird.

Als Unternehmerin werde ich häufig selbst mit Akquiseanrufen konfrontiert. Mir ist aufgefallen, dass viele Anrufer dabei strikt nach Gesprächsleitfaden vorgehen, und im Gespräch daher oft unflexibel sind. Häufig sind die Gesprächsleitfäden meines Erachtens nach auch „old fashioned" und voller nichtssagender Floskeln.

Dieser Leitfaden soll Ihnen Unterstützung bieten, wie man einen Gesprächsleitfaden und somit das Gespräch, modern, informativ und kompetent gestalten kann, damit das Gegenüber nicht das Gefühl hat, mit einem Roboter zu sprechen. Dazu gehören nicht nur ein guter Gesprächsleitfaden und ein Telefon. Ich gebe ihnen Instrumente in die Hand, mit denen sie Formulierungen, Stimme und Sprache bestmöglich einsetzen können. Der Leitfaden soll ihnen helfen, effizient zu einem Termin zu kommen. Und auch dabei, die Scheu vor der telefonischen Terminvereinbarung zu überwinden.

Geschlechtsspezifische Formulierungen:
Aus Gründen der Lesbarkeit wird in diesem Buch darauf verzichtet, geschlechtsspezifische Formulierungen zu verwenden. Soweit personenbezogene Bezeichnungen nur in männlicher Form angeführt sind, beziehen sie sich auf Männer und Frauen in gleicher Weise.

Einleitung

Das Telefon ist in der Kundenakquise Ihr wichtigster Verbündeter. Es gibt viele Möglichkeiten, mit einem potentiellen Kunden Kontakt aufzunehmen, doch keine Möglichkeit ist so effizient wie ein persönliches Telefonat.

Nur telefonisch haben Sie den Vorteil, dass Sie auf viele Fragen des Kunden bereits direkt antworten können, ohne noch weitere emails zu schreiben. So können Sie das Ping Pong aus Fragen und Antworten, das schriftlich entsteht, vermeiden und können direkt auf den Kunden eingehen.

Sie erfahren mehr über den Kunden, als bei schriftlicher Korrespondenz. Nicht nur die sachliche Ebene tritt stärker in den Vordergrund, auch die Beziehungsebene. Mit einem kompetenten Telefonat beeinflussen Sie die Kaufentscheidung des Kunden viel rascher, als mit mehrmaligen schriftlichen Fragen und Antworten.

Konkrete Fragen geben konkrete Antworten!
Wer fragt – der führt!

In einem Telefonat haben Sie die Möglichkeit, effizient und kompetent herauszufiltern, was der Kunde will und braucht. Stellen Sie sich vor, der Kunde fragt per mail an, ob das Produkt XY für ihn das richtige ist. Sie schicken folgende Antwort: Ja, wenn diese oder jene Voraussetzungen in ihrem Unternehmen erfüllt sind, dann ist es das Richtige. Ist Ihr Unternehmen anders strukturiert, dann wäre das Produkt AZ besser für Sie. Daraus ergibt sich eine längere Korrespondenz. Telefonisch klären Sie genau solche Korrespondenzen bereits in wenigen Minuten. Das spart Ihnen und dem Kunden Zeit. Es gibt keine Antwortverzögerungen und zeigt dem Kunden vor allem Ihre Kompetenz.

Dieser Leitfaden dient dazu, die telefonische Kundenakquise effizient zu gestalten.

Kapitel 1: Vorbereitung des Telefonats

1.1. Wann soll ein Telefonat eingesetzt werden?

Sie haben schon mit dem potentiellen Kunden Kontakt. Oder Sie wollen bestehenden Kunden neue Angebote unterbreiten. Der Rücklauf eines Informationsmails ist äußerst gering. Da bietet es sich an, die Kunden aktiv telefonisch zu kontaktieren. Bauen Sie regelmäßigen telefonischen Kontakt auf. Damit rufen Sie sich ins Gedächtnis und erhöhen Ihren Bekanntheitsgrad und den Bekanntheitsgrad Ihrer Produkte.

Wann ist ein Telefonat sinnvoll:

- Kontaktaufnahme mit Interessenten
- Vereinbarung von Besuchsterminen
- Einladungen zu Messen und Informationsveranstaltungen
- Vorstellung von neuen Produkten
- Maßnahmen zur Kundenpflege
- Behandlung von Beschwerden
- etc.

Das ist nur ein Auszug aus den Möglichkeiten, die telefonisch behandelt werden können. Denken Sie immer daran, ein Telefonat ist persönlicher, als ein email. In einem persönlichen Telefonat können sie rascher und effi-

zienter auf die Anliegen ihres Gesprächspartners eingehen.

Das A und O in der telefonischen Kundenakquise ist gute
Vorbereitung. Welche Dinge gehören zur Vorbereitung?

1.2. Was biete ich an?

Ich muss genau über das Produkt, das ich telefonisch
anbieten will, Bescheid wissen. Welchen Mehrwert hat
der Kunde, wenn er dieses Produkt von mir kauft.
Für eine Telefonaktion ist es ratsam, ein Paket zu schnü-
ren. Zum Beispiel: Gerade haben wir eine Produktaktion,
noch bis..... bieten wir das um minus 30% an.

Wenn Sie ein großes Produktportfolio haben, nehmen
Sie ein Produkt heraus, welches Sie konkret anbieten
möchten. Passen Sie Ihre Zielgruppe für die Akquise auf
dieses Produkt an. Eine zweite Möglichkeit ist es, im Gespräch zu filtern, ob für den potentiellen Kunden vielleicht auch ein anderes Produkt interessanter ist. Mit ge-
zielten Fragen können Sie diese Informationen erhalten.

Sie haben das Produkt, das Sie anbieten wollen, definiert. Jetzt müssen Sie noch die richtige Kundengruppe
finden.

1.3. Wer ist der Kunde?

Um Ihr Angebot optimal dem Kunden zu unterbreiten, müssen Sie so gut wie möglich über den Kunden informiert sein. Das bedeutet zunächst Recherche. Googeln Sie den Kunden, sehen Sie sich genau die Homepage an. Was macht der Kunde, welche Produkte bietet er an? Wie ist das Unternehmen strukturiert? Wer ist ein möglicher Ansprechpartner für Ihr Produkt oder Ihre Dienstleistung?

Sie haben die Möglichkeit, Adressen für die Kundenakquise zuzukaufen. Diese gibt es bei jedem guten Adressbüro. Wenn Sie zum Beispiel nur Unternehmen kontaktieren möchten, die über eine eigene Marketingabteilung verfügen, können Sie exakt den Adresspool auswählen. Dazu bekommen Sie Adressen mit den Unternehmensdaten und dem richtigen Ansprechpartner. Allerdings sind diese Adressen nicht ganz billig. Diese leads kosten einiges und werden mehrfach verkauft. Sie haben also keine Option darauf, dass Sie der Einzige sind, der dieses Unternehmen zu einem bestimmten Thema kontaktiert.

Wenn Sie in einem bestimmten geographischen Umkreis akquirieren wollen, so empfiehlt es sich über Google, Unternehmen in der definierten Umgebung zu suchen. Das hat den Vorteil, dass Sie online schon viele Informationen recherchieren können. Und es kostet nichts. Stimmt nicht ganz, es kostet Ihre Arbeitszeit, aber Sie haben von vornherein schon Informationen erhalten, die wertvoll für die Telefonakquise sein können. Nichts ist peinlicher in einem Telefonat, wenn Sie zum Beispiel sagen: Herr XY Sie sind ja zuständig für's Marketing in Ihrem Unternehmen, und Herr XY antwortet: Nein, wie kommen Sie darauf? Ich mache die Lohnverrechnung.

Der Kunde hat online oder über eine Mail-Anfrage bereits Interesse bekundet, und schon Fragen gestellt. Das sind die besten Kontakte.

1.4. Kundendaten

Folgende Daten müssen auf Richtigkeit kontrolliert werden: die Telefonnummer, die Adressdaten und der Ansprechpartner. Versuchen Sie, so viele Daten und Informationen wie möglich, vor dem ersten Anruf zu bekommen. Alle Informationen, die öffentlich zugänglich sind, helfen, das Gespräch aufzubauen und den Kunden richtig einzuschätzen.

1.5. Gesprächsleitfaden erstellen

Dazu gibt es später noch ein eigenes Kapitel. Wichtig ist dabei, dass der Gesprächsleitfaden nicht überladen ist. Bedenken Sie, dass Ihr Gesprächspartner nicht viel Zeit hat und Sie ihr Angebot nur kurz präsentieren können. Lassen Sie möglichen Small Talk weg und erklären Sie rasch die wichtigsten Vorteile Ihres Angebots. Im Gespräch selbst ergibt sich vielleicht die Möglichkeit, ein anderes Produkt anzubieten. Wichtig ist, dass Sie gut vorbereitet sind.

Für mich ist ein Gesprächsleitfaden wie ein Sicherheitsgurt beim Auto. Ich will sicher stellen, dass auch wenn ich im Gespräch abschweife, nichts vergesse, keine Information, die wichtig sein könnte, auslasse. Auch, dass ich den richtigen Anfang und das richtige Ende finde.

1.6. Achten Sie auf Ihren Arbeitsplatz

Machen Sie es sich gemütlich, verlieren Sie aber nicht die Spannung. Räumen Sie vor dem ersten Telefonat Ihren Arbeitsplatz auf, damit Sie sich zu 100% auf die Telefonakquise und den potentiellen Kunden einstellen können. Telefonieren Sie mit dem Festnetz, Online oder mit dem Handy? Achten Sie auf jeden Fall darauf, dass Sie eine störungsfreie Verbindung haben. Kontaktieren Sie niemanden mit unterdrückter Rufnummer. Das wirkt für den Kunden, als hätten Sie etwas zu verbergen. Dabei müssen Sie beachten, dass der Kunde auch zurückruft. Stimmen Sie die Nachricht auf Ihrer Mobilbox oder dem Anrufbeantworter auf potentielle Rückrufer ab.

Legen Sie sich Ihren Terminkalender bereit, damit Sie nicht während des Gesprächs freie Termine suchen müssen. Das erzeugt Stress, den Ihr Gegenüber im Gespräch wahrnimmt.

Positionieren Sie den Gesprächsleitfaden gut sichtbar auf Ihrem Arbeitsplatz. Ein Gesprächsleitfaden dient selbst Profis immer als Stütze.

Jetzt muss nur noch Ruhe herrschen. Schalten Sie alle Nebengeräusche ab (Radio, Youtube, Handy etc.), auch Skype-Benachrichtigungen und Social Media wegschalten, um keine Ablenkung zu haben. Ihr Kunde merkt, wenn Sie nicht 100%-ig bei der Sache sind. Wenn Sie im Homeoffice arbeiten haben jetzt auch Haustiere und Kinder in Ihrer Nähe nichts verloren. Ich weiß, das klingt hart, aber es stört, wenn der Kunde den Hund bellen hört und sie dadurch abgelenkt sind.

Wenn Sie in einem Unternehmen mit mehreren Mitarbeitern arbeiten, suchen Sie sich im Büro einen Platz, an dem Sie ungestört sind. Nichts lenkt Sie und Ihren Gesprächspartner mehr ab, als wenn plötzlich ein Telefon klingelt, der Kollege hereinplatzt oder in der Nähe eine Besprechung statt findet.

1.7. Regeln für wirtschaftliches Telefonieren

Stellen Sie sich vor einem Telefonat nochmal folgende Fragen:
- Was will ich mit dem Anruf erreichen?
- Habe ich alle notwendigen Unterlagen parat? z.b.: Kundendaten bei Beschwerden
- Wann ist die beste Zeit, um meinen Gesprächspartner zu erreichen?

Legen Sie feste Telefoniezeiten fest, zum Beispiel täglich von 9-12 Uhr, oder am Mittwoch Vormittag. Fixe Zeiten erleichtern es Ihnen den Focus zu behalten und es ist effizienter, als drei Anrufe am Tag. Ist Ihr Gesprächspartner nur eingeschränkt erreichbar, müssen Sie sich natürlich daran halten.

Eine Ausnahme sollten Sie bei Beschwerdeanrufen machen. Handeln Sie diese so rasch wie möglich ab. Auch wenn diese Anrufe unangenehm sein können. Aber Sie setzen für den Kunden ein ganz wichtiges Signal. Sie zeigen ihm, dass Sie an seinen Anliegen interessiert sind und ihn als Kunden optimal betreuen möchten.

Wenn Sie jetzt die Adressliste Ihrer potentiellen Kunden vor sich haben, Ihren Terminkalender, den Gesprächsleitfaden und Ruhe in Ihrer Umgebung herrscht - dann kann es los gehen!

Kapitel 2: Erstellung des Gesprächsleitfadens

Sie wissen, was Sie Ihrem Kunden telefonisch anbieten wollen. Jetzt ist es wichtig, dass Sie einen kurzen und prägnanten Gesprächsleitfaden erstellen.

Bitte beachten Sie: **Dreschen Sie keine Phrasen!!** Sagen Sie nicht – **schön, dass ich Sie erreiche** – haben Sie kurz Zeit? Für wen ist es schön, dass ich den AP erreiche, vor allem für Sie als Anrufer! Sie wollen etwas von Ihrem Gesprächspartner. Oder die zweite Variante: **Haben Sie kurz Zeit?** – Nein ich habe keine Zeit. Und schon ist das Gespräch vorbei, noch bevor Sie ihr Angebot vorstellen konnten.

Was muss ein Gesprächsleitfaden enthalten?

2.1. Vorstellung

Guten Tag, mein Name ist…. von …… Wir sind ein Unternehmen im Bereich Online-Marketing und möchten unsere Dienstleistungen vorstellen.

Guten Tag, mein Name ist….von….Frau/Herr ZY hat uns eine Anfrage geschickt. Ich habe dazu noch eine Rückfrage. **Ist** Herr/Frau ZY zu sprechen?

Stellen Sie sich immer mit Ihrem Namen und dem Unternehmensnamen vor. Das gibt dem Gegenüber Sicherheit und zeigt Ihre Kompetenz. Wenn der Unternehmensname nicht selbsterklärend ist, sagen Sie auch, für welches Produkt oder Branche Ihr Unternehmen steht. Z.B.: Wir sind ein Unternehmen im IT-Bereich.

2.2. Gespräch mit dem Ansprechpartner

Sie haben den richtigen Ansprechpartner erreicht. Jetzt kommt es darauf an, dass Sie im Gesprächsverlauf viele JA-Antworten bekommen.

Statistisch gesehen haben Sie jetzt 45 Sekunden Zeit, um Ihr Produkt vorzustellen. Formulieren Sie daher kurze, prägnante Sätze, geben Sie kurze Beispiele, wie dem Kunden Ihr Produkt hilft, wie er Mehrwert durch die Nutzung Ihres Produktes erzielt. Ganz wichtig: Seien Sie gut auf die Nachfrage des Kunden gerüstet – so kommen Sie ins Gespräch und haben Zeit, um zu argumentieren und Ihr Produkt noch besser vorzustellen. Beispiel: Ich bin spezialisiert auf den Bereich Kundenakquise.
In welcher Situation treffen Sie den Kunden an? Er ist an seinem Arbeitsplatz, um zu arbeiten, er wartet nicht auf Ihren Anruf. Sie erreichen den Kunden immer in einer Situation, in der er etwas zu tun hat und er Ihnen seine Zeit opfern soll.

Versuchen Sie, nicht zu weit auszuholen. Sie müssen die Aufmerksamkeit Ihres Gesprächspartners halten und ihn nicht berieseln. Fragen Sie immer wieder nach z.B.: Wie wird bei Ihnen im Unternehmen das Thema Kundenakquise bisher gehandhabt? So ist der Kunde gezwungen, sich Gedanken zu machen. Wenn er sich Gedanken macht, wird er Gespräch mit Ihnen führen. Damit bekundet der Kunde seine Neugier und auch seine Bereitschaft, über die Nutzung Ihres Produktes nachzudenken. Das erleichtert die Terminvereinbarung.

Beispiel:
Wir sind spezialisiert auf Kundenakquise. Wie machen Sie Kundenakquise im Unternehmen? – jetzt sollte der Gesprächspartner antworten und Sie können auf seine Antwort reagieren.

Auch das weitere Gespräch wird erleichtert, der Kunde gibt etwas preis, und Ihnen damit die Möglichkeit, einzuhacken. Z.B.: Unsere Computer haben Windows 7 als Programm – wissen Sie, dass wir als Unternehmen alle Ihre Computer sehr effizient und kostengünstig auf die neueste Windows Version umstellen können? Das spart Ihnen Kosten und erhöht die Arbeitseffizienz.

Ganz wichtig: Notieren Sie zunächst alles, was der Kunde zu sagen hat. Das hilft beim telefonischen Nachfassen, weil Sie sofort einen Bezug herstellen können. Der Kunde erhält den Eindruck, dass Sie wirklich Interesse an ihm haben. Nichts kommt schlechter rüber, als wenn der Kunde Ihnen sagt: das habe ich eh schon im letzten Gespräch erwähnt – und Sie können sich nicht daran erinnern. Sprechen sie den Gesprächspartner immer mit dem Namen an – das schafft Vertrauen! Und es zeigt auch, dass Ihnen etwas an einem persönlichen Gespräch mit genau ihm/ihr liegt.

Achtung DSGVO: Notieren Sie in Ihren Unterlagen nur Dinge, die das Unternehmen Ihres Gegenübers betreffen. Wenn Ihr Gesprächspartner sagt: der Kollege, der zuständig ist, ist krank, dann notieren Sie bitte nur: Der zuständige Ansprechpartner ist frühestens ab nächster Woche wieder erreichbar. Personenbezogene Daten wie zum Beispiel Urlaub, oder Krankheit oder der Ehemann der Chefin etc. dürfen Sie nicht speichern.

2.3. Gesprächsabschluss

Wie möchten Sie das Gespräch abschließen? Mit einem Termin oder mit einer Infomail?

Beispiel:

Ich möchte Ihnen unser Portfolio gerne näher vorstellen. Damit machen Sie ihrem Gegenüber klar, dass Sie einen Termin möchten. Der Termin kann entweder online oder face to face stattfinden.

Für die Terminvereinbarung stellen Sie sicher, dass Sie einen geöffneten Terminkalender griffbereit haben. Es ist peinlich, wenn Sie zum Beispiel die Kalenderwoche oder den Wochentag zum Termindatum nicht wissen oder erst suchen müssen. Vergessen Sie nicht, die Adresse, an der der Termin stattfinden soll, zu vergleichen. Erfragen Sie die persönliche email Adresse für die Terminbestätigung. Lassen Sie sich diese eventuell buchstabieren. Bei größeren Unternehmen landen emails an die office Adresse meist nicht bei Ihrem Ansprechpartner. Noch effizienter ist es, direkt eine Outlook Einladung zu schicken. Ihr Gesprächspartner hat den Termin dann sofort in seinem Kalender.

2.4. Terminvereinbarung

Der Kunde stimmt einem Termin zu – Gratulation! Geben Sie jetzt dem Kunden noch einmal zu verstehen, dass gerade er für Sie wichtig ist.

Geht es bei Ihnen am.... um...? So behalten Sie die Terminhoheit und vermitteln auch nicht, dass Sie alle Zeit der Welt haben. Nicht immer passt Ihr Vorschlag für den Kunden, dann haben Sie aber die Möglichkeit, einen passenden Termin zu erarbeiten. Sagen Sie bitte nicht: **Sie können sich den Termin aussuchen** – schlagen Sie weitere konkrete Terminmöglichkeiten vor.

Machen Sie nicht den Fehler, dem Kunden zu suggerieren, dass es gerade noch so geht, ihn dazwischen zu quetschen. Folgende Formulierung sollten Sie vermeiden: Ich bin am .... ganz in Ihrer Nähe, ich kann um .... bei Ihnen sein.

Das ist kein guter Stil. Damit zeigen Sie dem Kunden: na wenn ich Zeit erübrigen kann, komme ich vorbei. Zeigen Sie dem Kunden, dass Sie sich exklusiv für ihn Zeit nehmen wollen. Behalten Sie das Heft in der Hand. Damit zeigen Sie dem Kunden, dass Sie sich – sollte er tatsächlich zahlender Kunde werden – auch exklusiv für seine Anliegen Zeit nehmen werden.

Möchten Sie ein Infomail verschicken bitten Sie den Gesprächspartner um seine eigene email-Adresse des Gesprächspartners, lassen Sie sich diese buchstabieren.

Sagen Sie dem Gesprächspartner auch, wie es jetzt weitergeht: Ich schicke Ihnen unser Informationsmail und melde mich wieder. Sagen Sie auch, in welchem Zeitraum Sie sich wieder melden.

Oder : Vielen Dank ich komme am 20.7. um 14.00 zu Ihnen – Adresse vergleichen, ich schicke Ihnen noch eine Terminbestätigung, dort finden Sie auch alle meine Kontaktdaten, sowie einen link auf meine Homepage. Ich freue mich schon darauf, Sie persönlich kennen zu lernen.

Vermitteln Sie in der Kundenakquise Ihrem Gesprächspartner, dass sie etwas anbieten wollen, das ihm Mehrwert schafft, das ihm das unternehmerische Leben erleichtert.

Führen Sie ein selbstbewusstes Gespräch! Damit heben Sie sich von anderen Anrufern ab. Der Kunde darf nicht das Gefühl haben, dass er schon der 135. ist, dem Sie das gleiche Angebot unterbreiten. Es darf auch nicht der Eindruck entstehen, dass Sie dringend Ihr Produkt verkaufen wollen. Das weiß der Kunde sowieso. Überraschen Sie ihn mit Flexibilität im Gespräch, mit persönlicher Gesprächsführung.

Der Termin ist das Ziel! Es macht aber einen besseren Eindruck, wenn Sie nicht auf den Termin bestehen, den Kunden nicht bedrängen. Profis können einen Termin auch „reindrücken". Was bringt so ein erzwungener Termin? Leider gar nichts, außer Zeitverschwendung für Sie und den Kunden. Nichts ist schlimmer als wenn der Kunde sagt: Die Dame/der Herr am Telefon war so nett, deswegen habe ich einem Termin zugestimmt. Aber eigentlich brauche ich nichts.

Ein Termin ist nur dann zielführend, wenn Sie auch die Möglichkeit haben, Ihr Produkt zu verkaufen.

2.5. Email-Versand

Fragen Sie sich: Welchen Zweck soll das mail haben?
Wenn Sie noch mehr Informationen vom Unternehmen für eine Terminvereinbarung brauchen, ist es manchmal sinnvoll, vorher noch ein email anzubieten.

Tipp: Wie viele Mitarbeiter hat ihr Unternehmen in der Verwaltung? Nur damit ich das richtige mail auswähle. Durch die Antwort können Sie schon besser kategorisieren und abschätzen, ob das Unternehmen überhaupt in Ihre Zielgruppe fällt.
Zum **Beispiel** können Sie das so formulieren:

Ich möchte Ihnen unser Portfolio per mail zukommen lassen. Unsere Angebote sind abhängig von der Mitarbeiteranzahl in der Verwaltung. Wie viele sind das bei Ihnen ungefähr. Nur damit ich das richtige mail auswähle.

Das können Sie auch anwenden, wenn Sie nur eine Mailvorlage zur Verfügung haben, denn das weiß der potentielle Kunde nicht. Sie bekommen durch diese Vorgehensweise mehr Informationen.

Kündigen Sie auf jeden Fall ihren neuerlichen Anruf an: Ich schicke Ihnen das mail und melde mich in ca. 10 Tagen wieder.

2.6. Einwandbehandlung

Jeder Einwand ist ein Geschenk des Gesprächspartners an Sie!

Ein Einwand des potentiellen Kunden ist der Beweis, dass er sich mit dem Thema auseinander setzt. Es gibt Ihnen die Möglichkeit, ihr Produkt näher vorzustellen. Gehen Sie also achtsam mit jedem Einwand ihres Gesprächspartners um.

Da gibt es die Klassiker – ich habe keine Zeit, genauso wie sehr spezielle Einwände: wir arbeiten mit einem ganz anderen System.

Wichtig ist, dass Sie auf Einwände so gut wie möglich vorbereitet sind. Nicht alle Einwände können ausargumentiert werden. Das macht auch nichts. Aber einige Dinge, die ihr Gegenüber sagt, können mit der richtigen Vorbereitung gut entkräftet werden. Machen Sie sich Ihren Gesprächspartner zum Verbündeten.

Wenn der Gesprächspartner einen Einwand äußert, bedanken Sie sich. Er hat Ihnen damit zusätzliche Argumentationsmöglichkeiten in die Hand gegeben, z.b.: Vielen Dank für Ihren Einwand...

Es gibt verschiedene Arten von Einwänden:

- Rationale Einwände: Ihr Gesprächspartner hat noch weitere Informationswünsche

- Emotionale Einwände: Ihr Gesprächspartner möchte seine Wichtigkeit für Sie austesten. Bleiben Sie ihm, dass Sie ihn als kompetenten Gesprächspartner anerkennen.

- Subjektive Einwände: Das Produkt ist gut, aber leider nichts für mich. Sie müssen dann das Produkt so erklären, dass er auch den Nutzen für sich erkennt.

- Objektive Einwände: Zu teuer, nicht kompatibel etc.

Bleiben Sie ruhig und gelassen, wenn Einwände kommen und argumentieren Sie richtig.
Hier eine Auflistung der häufigsten Einwände und eine Argumentationshilfe.

Ich habe keine Zeit.
Das kann ich gut verstehen. Wann passt es denn bei Ihnen besser, um über das Thema zu sprechen?
Meist gibt Ihnen dann der Gesprächspartner einen Zeitraum bekannt, an dem er besser zu erreichen ist und Zeit für ein Gespräch hat.

Das kostet sicher zu viel. Das ist zu teuer.
Mein Anliegen ist es, Ihnen zu zeigen, dass Sie auch schon mit kleinem finanziellem Aufwand großen Nutzen erzielen können. Durch die Nutzung meines Produktes sparen Sie Zeit und somit Geld.

Mein Unternehmen ist zu klein dafür.

Auch in einem kleineren Unternehmen ist es wichtig, dass Abläufe effizient sind. Mein Produkt/Beratung hilft Ihnen Zeit und Geld zu sparen. Effizienz ist gerade für kleine Unternehmen wichtig.

Da ich eine sehr kostengünstige Variante von XY anbieten kann, ist mein Produkt gerade auf kleinere Unternehmen zugeschneidert.

Wir brauchen nichts in dem Bereich
Ich bin spezialisiert auf Kundenakquise. Wie machen Sie aktive Kundenakquise?
Ich biete Ihnen ein unverbindliches Kennenlern-Gespräch an. Sie haben dann immer noch die Möglichkeit zu entscheiden, ob mein Angebot für Sie interessant ist oder nicht.

Dazu gibt es noch viele Beispiele. Sein Sie kreativ im Umgang mit den Einwänden des Gesprächspartners. Bereiten Sie sich auf die Einwände gut vor. Wenn Sie schon länger Kunden akquirieren haben Sie schon einige Einwände gehört. Setzen Sie Ihre Erfahrungen in der Einwandbehandlung um.

Eines dürfen Sie aber nicht vergessen. Akzeptieren Sie manchmal ein Nein. Wenn Sie nicht das Gefühl haben, dass Ihr Gegenüber doch noch Interesse zeigt, beenden Sie höflich das Gespräch.

Wichtig: Nicht eingeschnappt sein! Nehmen Sie ein NEIN genau so wertvoll wie ein JA. Ein NEIN bedeutet, dass Sie mit ziemlicher Sicherheit zu einem späteren

Zeitpunkt oder mit einem anderen Produkt, den Gesprächspartner wieder kontaktieren können. Ein freundlich akzeptiertes NEIN sorgt für ein gutes Gefühl auf Seiten Ihres Gesprächspartners und gibt ihm das Gefühl, dass Sie seine Einwände ernst nehmen. Das hebt Ihre Seriosität.

Betriebliche Verhältnisse können sich ändern. Sie können den potentiellen Kunden regelmäßig mit einem guten Gefühl über Ihre Angebote informieren.

Kapitel 3: Überwinden Sie das Vorzimmer

Ihr Ziel in der telefonischen Kundenakquise ist in erster Linie, Ihr Produkt dem richtigen Ansprechpartner vorzustellen. Wie aber erreichen Sie Ihr Ziel? Meistens müssen Sie an der Person vorbei, die das Telefon abhebt. Auch da gibt es den einen oder anderen Trick. Die Telefonkultur ist in vielen Unternehmen sehr hoch. Auch die Sekretärin/Sekretär, die abhebt nennt zu mehr als 90% ihren Namen. Also hören Sie von Anfang an genau zu und notieren Sie sofort den Namen. Sprechen Sie denjenigen, der das Telefon abhebt, immer mit dem Namen an. Sie geben der Person damit eine hohe Wertigkeit. Das erhöht die Wahrscheinlichkeit, dass Sie zum richtigen Ansprechpartner verbunden werden.

Beispiel:
Unternehmen Muster, XY guten Tag. „Guten Tag Frau XY ist Frau Herr ZO zu sprechen. Das kommt im Gespräch sehr gut an. Damit werten Sie den Menschen auf, der das Telefon abhebt. Sie können auch gerne nachfragen: Mein Name ist Waldl von .... ich habe leider ihren Namen nicht richtig verstanden. Auch dann bekommen Sie den richtigen Namen.

Das ist auch wichtig, wenn Sie nicht weiterverbunden werden und ein Infomail schicken dürfen, dann schicken Sie es mit der Ansprache des ersten Gesprächspartners. Damit haben Sie die Chance erhöht, dass Ihr mail gelesen wird. Bekommen Sie die Information, dass Ihr AP nur per mail erreichbar ist, so können Sie sich auch im mail an den AP auf das Gespräch mit dem ersten Gesprächspartner berufen.

Bitte schreiben Sie nicht: wie im Gespräch mit Ihrer Sekretärin.... sie wissen ja nicht, welche Position der der erste Gesprächspartner im Unternehmen inne hat, und es klingt abwertend.

Wenn Sie ein Infomail verschicken, teilen Sie immer mit, dass Sie nochmals anrufen werden, um nachzufragen. Sagen Sie auch einen konkreten Zeitpunkt: Ich schicke Ihnen das mail und melde mich Mitte nächster Woche wieder. So behalten Sie den Kontakt mit Ihrem Gegenüber bei und Sie haben bei Ihrem nächsten Anruf einen guten Einstieg und im besten Fall einen Wiedererkennungswert.

4. Kapitel: Das direkte Gespräch

Lächeln Sie (auch wenn der Gesprächspartner das Lächeln nicht sieht, Sie transportieren es durch ihre Stimme). Bedanken Sie sich beim Gegenüber immer für die Mühe, die er/sie sich gemacht hat. Wenn Sie beim Telefonieren lächeln, hört man das in Ihrer Stimme und Sie kommen beim Gegenüber freundlicher und unverkrampfter an.

4.1. Aktives Zuhören

Aktives Zuhören erleichtert jede Argumentation. Ihr Gesprächspartner gibt in einem Telefonat oft sehr viel von seinen Problemen preis. Das ist Ihr Mehrwert! Bieten Sie ihm eine Lösung an.

Lassen Sie den Gesprächspartner ausreden. Nichts ist unhöflicher, als wenn Sie ihm ins Wort fallen. Sie erfahren nichts über seine Bedürfnisse. Die Kenntnis der Bedürfnisse des Gesprächspartners sind essentiell in der Kundenakquise.

Geben Sie laute Zeichen des Verständnisses. Dadurch fühlt sich Ihr Gegenüber verstanden und akzeptiert.
Greifen Sie Gesprächsinhalte indirekt auf und geben Sie ihrem Gesprächspartner eine Rückmeldung. So halten Sie das Gespräch in Gange und Ihr Gegenüber bezeugt

Interesse. Wiederholen Sie wichtige Punkte, die Sie notiert haben.

Am Ende haben Sie im Gespräch die Möglichkeit, eine Lösung anzubieten. Tun Sie das auch aktiv.

4.2. Begrifflichkeiten und Sprache

Stellen Sie Fragen!

Wie schon in einem vorherigen Kapitel erwähnt, achten Sie darauf, hauptsächlich Fragen zu stellen, die Ihr Gesprächspartner mit JA beantworten kann.

NEIN – Fragen versus JA – Fragen:

NEIN: Ist das Thema interessant für Sie?
     JA: Bin ich mit dem Thema bei Ihnen richtig?
Wenn da ein NEIN kommt, bekommen sie den richtigen Ansprechpartner
NEIN: Möchten Sie Ihren Betreuer wechseln?
     JA: Wir möchten gerne unser Angebot vorstellen.
NEIN: Haben Sie kurz Zeit?
     JA: Sind Sie zuständig für…
NEIN: Darf ich Ihnen eine Frage stellen?
     JA: einfach fragen

Stellen Sie Fragen, die Ihr Gegenüber dazu bewegen, zu erzählen, wie es in seinem Unternehmen läuft: Wie ist das Thema bei Ihnen geregelt?

Fragen Sie nicht, wann Sie wieder anrufen dürfen. Behalten Sie das Heft in der Hand und teilen Sie dem Gesprächspartner exakt mit, wann Sie sich wieder melden. Verwenden Sie einen starken, selbstbewussten Sprachstil, verfallen Sie dabei aber nicht in eine überhebliche Sprache. Sagen Sie nicht: wir sind die Besten, sondern: wir sind führend im Bereich...

Informationen vermitteln und Informationen erhalten

In der telefonischen Kundenakquise müssen Sie viele Inhalte in kurzer Zeit vermitteln. Hier sehen Sie wie viel oder wie wenig in einem Telefonat an Informationen hängen bleibt.

.) Von dem, was Sie mitteilen wollen, können Sie nur die Hälfte mitteilen.
.) Von dem, was Sie mitteilen können, empfangen die Partner die Hälfte.
.) Von dem, was die Partner empfangen, bejahen sie die Hälfte.
.) Von dem, was die Partner bejahen, vergessen sie die Hälfte
.) Von dem, was die Partner nicht vergessen, brauchen Sie die Hälfte.
Die Ausbeute der Informationsübermittlung in einem Gespräch ist oft nur 1,56% (statistische Untersuchung). Daher muss Information anschaulich gemacht werden, das bedeutet, inszenieren statt informieren. Erzeugen Sie Bilder im Gespräch, verwenden Sie bildhafte Sprache.

Gesprächstipp: Stellen Sie sich vor, sie haben eine Facebook-Seite und kaum Likes. Ich sorge dafür, dass sie mehr Likes bekommen und so die Reichweite Ihres Angebotes erhöhen.

Ebenen in der Informationsübertragung:

Auf der <u>Sachinhaltsebene</u> geben Sie gezielte Informationen:

Herr Meier ist um 13.30 Uhr wieder erreichbar. Ich: Ich melde mich gerne wieder...

Auf der <u>Beziehungsebene </u>bekommt der Gesprächspartner Informationen über Sie als Anrufer. Diese Informationen werden entweder verbal oder über die Stimme transportiert:

Ich setze mich gerne für Sie ein..............

Gerne gestalte ich ein Angebot speziell zugeschnitten auf Ihre Bedürfnisse...

Ich wünsche Ihnen noch einen schönen Tag..............

Danke für Ihre Mühe...

In einem Telefonat können Sie nicht mit Gesten, Ihrem Auftreten oder Ihrem Aussehen punkten. Ihr Charisma wird durch die „Telefonleitung" abgeschwächt. Dennoch können Sie mit bestimmten Wirkungsfaktoren das Gespräch positiv beeinflussen. Diese Wirkungsfaktoren sind Stimme, Sprache und Sprechweise.

4.3. Wirkungsfaktor Stimme

Der Ton macht die Musik. Gerade in einem Telefongespräch haben die Akteure nur die Möglichkeit, ihr Gegenüber anhand der Stimme zu beurteilen. Deshalb sollten Sie Ihre Stimme aktiv einsetzen und diese bewusst wirken lassen. Verstellen Sie Ihre Stimme nicht. Lassen Sie Ihre Stimme wirken, wie Sie das auch in einem persönlichen Gespräch tun.

Sprechen Sie:	suggerieren Sie:
Laut	Unfreundlichkeit, Hektik, Eile und machen Druck
Leise	Besonnenheit, Ruhe, Intelligenz,
Zu leise	Unsicherheit
Stockend	Unsicherheit, Inkompetenz
Schnell	Ungeduld, Hektik, Druck
Langsam	Glaubwürdigkeit, Sicherheit im Angebot
Hoch	Aufregung, Lässigkeit
Tief	Seriosität, Vertrauenswürdigkeit

Finden Sie die richtige Kombination!

Stimmvolumen – Lautstärke

Die Lautstärke müssen Sie auf Ihren Gesprächspartner einstellen. Steuern Sie Ihr Stimmvolumen bewusst. Sprechen sie zu leise, nimmt der Gesprächspartner an, dass Sie unsicher sind, sprechen Sie zu laut, werden Sie vom Gesprächspartner als zu dominant empfunden.

Die Verwendung der Stimme und der Lautstärke trainieren Sie am besten mit Freunden in privaten Situationen.

4.4. Wirkungsfaktor Sprache

Sprache bedeutet in diesem Sinne nicht, sprechen Sie deutsch oder englisch. Es geht vielmehr darum, welche Begriffe verwendet werden. Wird Dialekt gesprochen, gehen Sie auf die Sprache Ihres Gesprächpartners ein. Die Sprache ist auch ein Instrument, um zielgerichtete Informationen zu geben und zu erhalten. Beharren Sie nicht auf Schriftsprache wenn Ihr Gegenüber Dialekt spricht. Passen Sie sich an Sprechtempo und Sprechart Ihres Gegenübers an.

Sprechen Sie klar und deutlich. Versuchen Sie nicht zu nuscheln oder Teile des Gesagten zu verschlucken. Gleichen Sie Ihr wording an die Sprache des Gegenübers an.

Beispiel: bei großen Unternehmen, mit eigener IT-Abteilung fragen Sie: Wie viele Clients betreuen Sie im Unternehmen? Bei kleineren Unternehmen: Wie viele PC s haben Sie im Haus?

Verwenden Sie Fachausdrücke nur, wenn Sie sich sicher sind, dass ihr Gesprächspartner diese auch versteht. Komplizierte Formulierungen verschrecken eher. Ihr Gegenüber hat dann das Gefühl: das ist eh nichts für mich, das verstehe ich nicht.

Versuchen Sie, durch ihren Wortschatz und Ihre Ausdrucksfähigkeit bei Ihrem Gesprächspartner Bilder hervorzurufen. Dazu verwenden Sie bildhafte Vergleiche, so machen Sie das Gespräch lebendig.

Sprechen Sie nicht monoton, das suggeriert dem Gesprächspartner Desinteresse. Achten Sie auf Ihre Modulation. Übertreiben Sie es aber nicht. Sprechen Sie so, wie Sie mit Freunden sprechen, wenn Sie ihnen etwas erzählen. Versuchen Sie, dabei nicht zu aufgeregt zu klingen.

Vermeiden Sie auf jeden Fall „Sprechmarken" wie äh, ah oder ähnliche Laute. Bitte verwenden sie auch nicht Redewendungen wie: ist doch so – oder?

Wirkungsfaktor Sprechweise

Die Sprechweise können Sie bewusst beeinflussen, sie ist von Stimmungen und Affekten abhängig. Ist man nervös, so spricht man sehr oft schneller.

Sprachstil

Je nach Einsatzbereich werden vier verschiedene Sprachstile unterschieden:

- Man-Sprachstil
- Ich-Sprachstil
- Sie-Sprachstil
- Wir-Sprachstil

Der <u>Man-Sprachstil</u> ist für Telefongespräche nicht zu empfehlen, er wird oft scherzhaft als „Beamtensprachstil" bezeichnet. Das Merkmal dieses Sprachstils ist seine Unpersönlichkeit und seine Ungenauigkeit:

<u>Man</u> sollte am besten....................

Durch den <u>Ich-Sprachstil</u> wird die größte Kompetenz gezeigt. Der Gesprächspartner bekommt somit das Gefühl, daß Sie nur für den Kunden da sind. Allerdings sollen auch Ich-Formulierungen nicht zu häufig im Gespräch verwendet werden:

<u>Ich</u> helfe Ihnen gerne weiter..............

Der <u>Sie-Sprachstil</u> ist ganz auf den Gesprächspartner abgestimmt. Sie stellen seine Person in den Vordergrund. Das erfolgreichste Gespräch ergibt sich dann, wenn Sie den Ich-Stil und den Sie-Stil kombiniert.

Wenn <u>Sie</u> wollen, notiere ....

Beim Wir-Sprachstil werden gemeinsame Interessen hervorgehoben. Dieser Stil ist erforderlich, wenn zum Beispiel gemeinsam Lösungen gefunden werden sollen.

Zum Beispiel:

Gehen wir die Korrespondenz noch einmal gemeinsam durch.

Haben Sie keine Angst davor, einen Fehler im Gespräch zu machen, sich zu verhaspeln oder einen Versprecher zu produzieren. Sprechen Sie Ihren Fehler an und sagen Sie ruhig: tut mir leid, jetzt habe ich mich verhaspelt. Ich fange nochmal von vorne an. Und dann lächeln Sie!

Ihr Gesprächspartner nimmt Ihnen den Ausrutscher nicht übel, möglicherweise bringen Sie ihn sogar zum Lachen und das Eis ist gebrochen.

Sprechtempo

In einem Telefonat muss die Sprechgeschwindigkeit an den Gesprächspartner angepasst werden. Sprechen Sie zu schnell, so hat der Gesprächspartner den Eindruck, dass Sie ihn überrumpeln wollen oder dass Sie nervös sind.

Bei einem zu langsamen Sprechtempo wird die Aufmerksamkeit des Gesprächpartners rasch nachlassen. Manchmal können Sie bei langsamer Sprechweise auch den Eindruck erwecken, dass Sie etwas zu verschweigen haben und die „Wahrheit" hinauszögern wollen.

4.5. Positive - Negative Telefonkommunikation

Ihre Wortwahl beeinflusst das Telefonat entscheidend. Es ist besonders wichtig, im Gespräch keine negativen Formulierungen zu verwenden. Aus Forschungsergebnissen lässt sich entnehmen, dass der Mensch positiv formulierte Aussagen gewöhnlich um ein Drittel rascher versteht als Aussagen, die negative oder abweisende Begriffe enthalten. Ebenso enthalten positive Aussagen handlungsorientierte, motivierende Faktoren. Der Kunde wird positiv zum Handeln aufgefordert.

Negative Formulierungen rufen Spannungen und Abwehr hervor, auch wenn dies oft vom Gesprächspartner gar nicht bewusst wahrgenommen wird.

Negativ	Positiv
Ausgabe	Investition
Kosten	Wirtschaftlichkeit
Veränderung	Entwicklung
Billig	Preiswert
Ungefähr	Genau
Teuer	Hochwertig
Nicht	Gern
Problem	Herausforderung

Formulieren Sie Sätze im Telefonat präzise und kurz. Kommen Sie rasch zur Kernaussage. Schwammige Formulierungen suggerieren dem Gesprächspartner Unsicherheit. Forcieren Sie positive Begriffe und treffen Sie klare Aussagen im Gespräch. Dadurch erkennt der Gesprächspartner auch die Vorteile, die Sie ihm anbieten, rascher. Das erleichtert Ihnen die Argumentation.

Eine Gegenüberstellung von negativen und positiven Aussagen:

Negativ	Positiv
Sie sollten	Ich empfehle Ihnen
Kein Problem	Alles geht rasch
Das ist nicht schlecht	Das ist gut
Ich muss	Ich helfe gerne
Ehrlich gesagt	Es ist so...
Diese Woche habe ich keine Zeit mehr	
	Ich schlage Ihnen ..vor
Sie müssen..	Sie können
Teuer	hochwertig
Nicht teuer, billig	preisgünstig
Das Problem	die Aufgabe

Konjunktive

Im deutschen Sprachraum ist es üblich, in Gesprächen Konjunktive zu verwenden. Wir betrachten diese Sprechweise als höfliches Gespräch.

Sie haben in einem Telefonat nicht die Möglichkeit, Ihr Gegenüber zu beobachten. Das macht den Transport von Informationen schwieriger. Sie müssen stark formulieren. Häufige Verwendung von Konjunktiven führt oft zu unklarer Ausdrucksweise. Der Gesprächspartner versteht nicht genau, was Sie von ihm wollen. Der Gebrauch von Konjunktiven vermittelt das Fehlen von Kompetenz.

Konjunktive	Keine Konjunktive
Wäre Herr Huber zu sprechen?	Ist Herr Huber zu sprechen?
Dürfte ich um Ihren Namen bitten?	Sagen Sie mir bitte Ihren Namen?
Das bräuchten wir schriftlich?	Schicken Sie mir das bitte schriftlich
Dürfte ich Ihnen eine Frage stellen?	Die Frage einfach stellen!
Würden Sie mich bitte mit… verbinden?	Verbinden Sie mich bitte mit…

Formulierungen

Der Gesprächspartner beurteilt Sie anhand des Aufbaus, der Logik, der Schlagfertigkeit und der Überzeugungskraft in einem Gespräch, diese Beurteilung ist meist unbewusst.

Mit langen umständlichen Sätzen wird oft der Eindruck erweckt, als ob Sie sich nicht klar ausdrücken können.

Klare, prägnante Aussagen, nicht zu stark gepaart mit Fachausdrücken erwecken beim Gesprächspartner das größte Vertrauen und das Gefühl der Kompetenz des Gesprächspartners.

Wenn Sie Ihren Gesprächspartner etwas fragen wollen, so tun Sie das einfach. Bitte nie folgende Floskel verwenden: Darf ich Ihnen eine Frage stellen? Das erhöht die Wahrscheinlichkeit, dass Sie gar keine Antwort mehr bekommen und das Gespräch für Sie beendet ist.

5. Kapitel: Nachfassen

Sie hatten einen Termin und/oder ein Angebot gestellt. Der Kunde meldet sich in den wenigsten Fällen von allein. Gerade Angebote müssen Sie selbst nachfassen. Aber auch da gibt es Regeln, um das Nachfassen erfolgreich zu gestalten, und den Kunden nicht zu verärgern.

o Zu frühes Nachfassen kann Ihren Erfolg beim Neukunden beeinträchtigen. Wenn der Kunde das Produkt sehr dringend braucht, meldet er sich von selbst. Tut er dies nicht, lassen Sie ihm Zeit, um ihr Angebot zu prüfen. Meiner Erfahrung nach sind 10 Werktage angemessen. Handelt es sich um eine Aktion, die ausläuft, können Sie auch früher nachfassen. Melden Sie sich zu früh, erzeugen Sie Druck und geben dem Kunden das Gefühl, dass Sie dringend verkaufen müssen.

o Rechnen Sie nicht damit, dass der Kunde Ihr Angebot bei der Hand hat oder sich gleich daran erinnert, wenn Sie anrufen. Bereiten Sie noch mal eine Kurzzusammenfassung Ihres Angebots vor, damit Sie es telefonisch in Erinnerung rufen können.

o Drängen Sie nicht und setzen Sie keine Fristen. Wie schon oben erwähnt, außer es ist ein zeitlich und mengenmäßig begrenztes Produkt oder ein zeitlich begrenzter Aktionspreis. Formulieren Sie elegant! Dadurch erwecken Sie nicht den Eindruck, dass Sie rasch verkaufen müssen. Handelt es sich um ein zeitlich begrenztes Angebot erwähnen Sie noch einmal die Deadline und verabschieden Sie sich freundlich: Ich freue mich darauf, bis zum …. von Ihnen zu hören. Verzichten Sie bitte nach so einer Formulierung auf ein weiteres Nachfassen.

o Wenn es zu einem NEIN kommt – bitte nicht enttäuscht sein. Bedanken Sie sich bei dem Kunden für die Prüfung Ihres Angebotes: Vielen Dank, dass Sie sich die Zeit genommen haben, mein Angebot zu prüfen. Ich bin gerne für Sie da, wenn Sie noch Fragen haben und melde mich gerne mit weiteren Angeboten bei Ihnen.

Versuchen Sie auf keinen Fall, Verkaufsdruck aufzubauen. Wenn Sie ein NEIN elegant annehmen, hinterlassen Sie einen guten Eindruck und heben sich von Mitbewerbern ab. Das Wichtigste ist aber, sie haben weiterhin die Möglichkeit, andere Angebote dem Kunden zu unterbreiten.

Zusammenfassung

Das Um und Auf bei der telefonischen Kundenakquise ist Ihre grundsätzlich positive Einstellung gegenüber dem folgenden Telefonat. Die beste Technik kann Ihre gute Laune im Telefonat nicht wett machen. Und gute Laune überträgt sich auf Ihren Gesprächspartner. Das Telefon ist Ihr bester Freund in der Kundenakquise. Es hilft Ihnen dabei, Ihre zukünftigen Kunden kennen zu lernen.

Sicher ist in diesem Leitfaden nicht alles enthalten, was es zum Thema aktive Telefonie zu sagen gibt. Aber ich gebe Ihnen einen Auszug aus den Dingen, die für ein erfolgreiches Telefonat wichtig sind. Ein erfolgreiches Telefonat wird nicht immer nur durch einen Termin definiert, sondern auch durch den positiven Eindruck, den Ihr Gesprächspartner von Ihnen hat.

Bleiben Sie authentisch und verstellen Sie sich nicht!

Beginnen Sie nie mit der Frage: **Haben Sie kurz Zeit?**

Verwenden Sie nie: **Wäre Herr/Frau XY zu sprechen –** **Verwenden Sie keine Konjunktive!**

Stellen Sie Fragen! Wer fragt der führt!

Oberstes Gebot in der telefonischen Kundenakquise ist Freundlichkeit! Freundlichkeit und auch Achtsamkeit öffnet Ihnen die Tür vom Vorzimmer zum richtigen Ansprechpartner. Nur wenn sich Ihre Gesprächspartner von Ihnen akzeptiert und angenommen fühlen, werden Sie mit Ihnen kooperieren. Damit ist für Sie der Weg frei zum Verkauf Ihres Produktes oder Ihrer Dienstleistung.

Viel Erfolg!

Im Anhang finden Sie Checklisten als Hilfe, Ihr Akquisetelefonat erfolgreich gestalten zu können.

Checkliste – Warum rufe ich an?

○ Warum will ich gerade dieses Unternehmen anrufen?

○ Mit wem will oder muss ich im Unternehmen sprechen? Wer ist der Entscheider?

○ Was ist das Hauptthema des Gespräches?

○ Gibt es Nebenthemen, die behandelt werden können?

○ Welche Informationen sind für dieses Unternehmen besonders wichtig?

○ Über welche Neuheiten, Produkte will ich den Kunden informieren?

○ Welche Informationen will ich von meinem Gesprächspartner erhalten?

○ Hat der Kunde schon Informationsmaterial bekommen und wenn ja wann?

○ Hat der Kunde ein Produkt eines Mitbewerbers im Einsatz?

○ Kennt mich der Kunde schon?

Checkliste Telefonie

O   Adressliste im CRM oder Excel
O   Platz für:
      O   Name des Gesprächspartners
      O   Name des Ansprechpartners
      O   Email des Ansprechpartners
      O   Notizen:

notieren Sie sich alle für sie relevanten Details des Gespräches, damit sie sich in einem Folgegespräch darauf beziehen können

      O   Interesse ja – nein
      O   Infomail versendet wann
      O   Wiederanruf wann
          O   Zur Terminvereinbarung
          O   Nicht erreicht
          O   Nach Infomail
    O   Termin vereinbart wann/mit wem/wo
    O   Angebotserstellung
    O   Weitere Kontakte

Checkliste Gesprächsleitfaden

- ○ Anrede

- ○ Wer bin ich

- ○ Gesprächseinstieg

- ○ Wie komme ich zum Ansprechpartner

- ○ Vorstellung meines Angebotes

- ○ Einwandbehandlung

- ○ Abschluss Informationsmail

- ○ Abschluss Terminvereinbarung

Checkliste – was brauche ich für ein erfolgreiches Akquisetelefonat

○ Aufgeräumter Arbeitsplatz
○ Funktionierendes Telefon
○ Zielgruppe eruiert
○ Produkt fixiert
○ Adresse – Telefonnummer verifiziert
○ Gesprächsleitfaden erstellt
○ Aussagekräftiges, kurzes Infomail erstellt

○ Ansage auf Mailbox für etwaige Rückrufe konfiguriert
○ Sichergestellt, dass die Telefonnummer mitgeschickt wird
○ Platz für Notizen – CRM, Excelliste
○ Terminkalender
○ Ruhe im Raum
○ Gute Einstellung

Jetzt brauchen sie nur noch zu lächeln und es kann los gehen!

Buchstabieralphabet

A	Anton
Ä	Ärger
B	Berta
C	Cäsar
Ch	Charlotte, China
D	Dora
E	Emil
F	Friedrich
G	Gustav
H	Heinrich
I	Ida
J	Josef
K	Kaufmann
L	Ludwig
M	Martha
N	Nordpol
O	Otto
Ö	Ökonom
P	Paula
Q	Quelle
R	Richard
S	Siegfried
Sch	Schule
T	Theodor
U	Ulrich
Ü	Übel
V	Viktor
W	Wilhelm
X	Xaver
Y	Ypsilon
Z	Zeppelin

Literaturverzeichnis:

Das 1x1 des Telefonmarketings, Günter Greff, Gabler Verlag

Bei Anruf Termin, Klaus-J. Fink, Gabler Verlag

Ihr Draht zum Erfolg, Herbert Hainzinger, Ueberreuter Verlag

Professioneller Telefonverkauf, Gabriele Cerwinka/Gabriele Schranz, Ueberreuter Verlag

Phone Power, George Walther, Econ Verlag

Heiß auf Kaltakquise, Tim Taxis, Tim Taxis Verlag

Platz für Bemerkungen: